Armée du Rhin.

7ᵉ Corps.

2ᵉ Division.

2ᵉ Brigade.

# Historique

du 89ᵉ Régiment de Ligne

pendant la guerre de

1870.

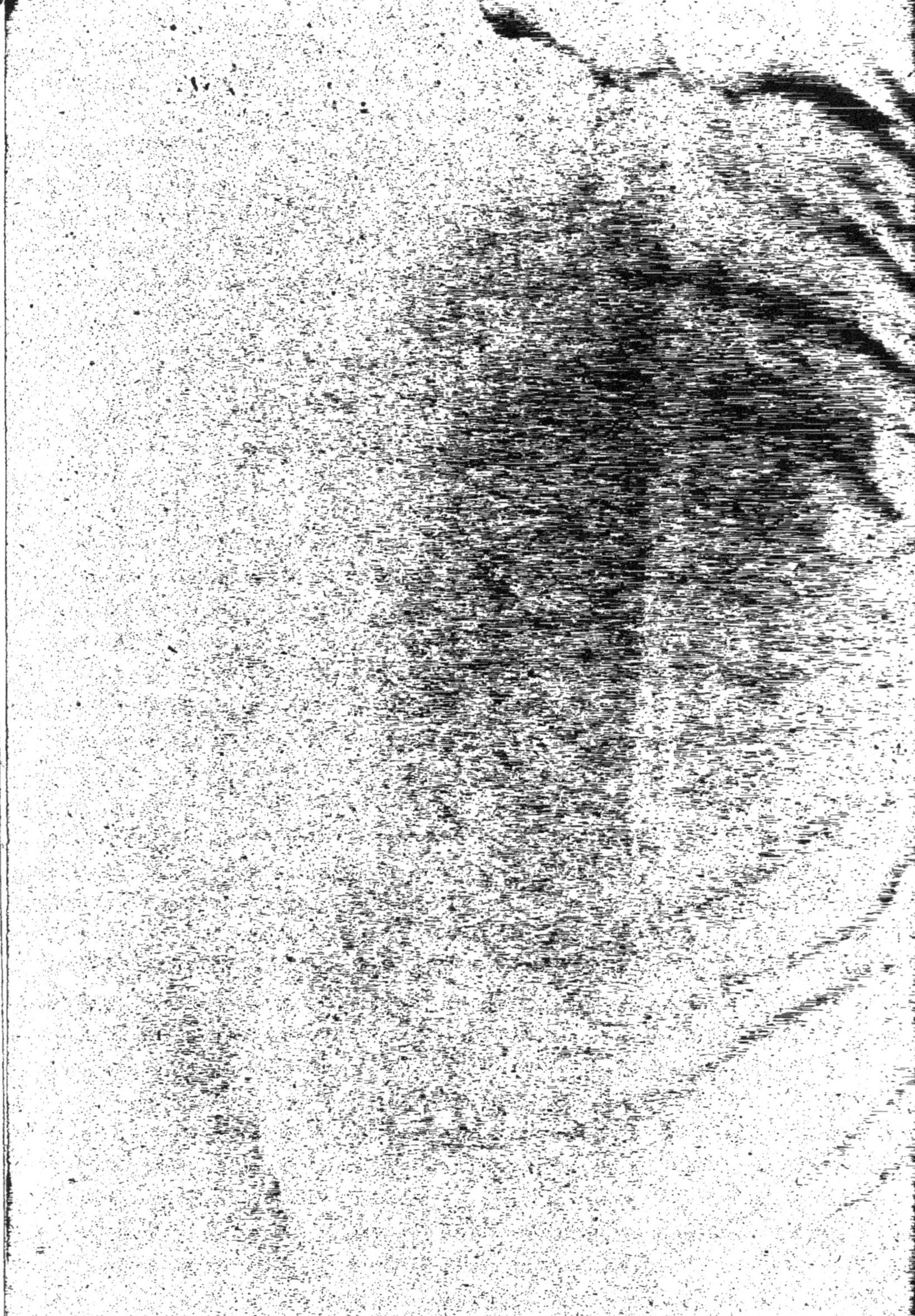

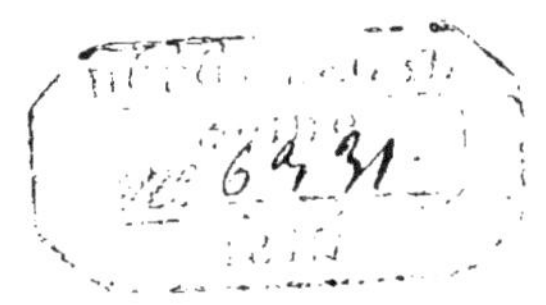



27 Juillet.

Le 89e Régiment d'Infanterie de Ligne tenant garnison à Antibes, lorsqu'il lui fut ordonné, par suite de la déclaration de guerre, de se tenir prêt à entrer en campagne.

L'ordre de mouvement portait que le Régiment ferait partie de la 2e Brigade (Général de la Bastide) de la 2e Division (Général Liebert) du 7e Corps de l'Armée du Rhin placé sous les ordres du Général Douai, Félix.

L'État Major, les 1er et 2e Bataillons du 89e quittèrent Antibes le 27 Juillet 1870 à 8 h. 1/2 du matin. Cette colonne fut dirigée par les voies ferrées sur Belfort où elle arriva le 29 Juillet à 8 heures du matin après un trajet de 47 heures.

Dès son arrivée, elle alla camper dans une plaine située en avant de la gare des marchandises, à l'extrémité Sud de la ville à gauche de la voie ferrée et sur la rive gauche de la Savoureuse. Les quatre premières Compagnies du 3e Bataillon venues de Toulon, où ce Bataillon était détaché, y étaient déjà installées; à 10 heures 1/2 du matin, le 3e Bataillon était au complet par suite de l'arrivée de ses deux autres Compagnies.

Le 89e des deux réuni comptait 62 officiers présents (2 médecins compris) et 1133 hommes de troupe.

Le Régiment commandé par Mr le Colonel Munier, avait pour Lieutenant Colonel Mr Questel, il comprenait 3 Bataillons commandés par :

1er Bon   Mr Richard, Chef de Bataillon.
2e Bon   Mr Thiéry ______ id ______
3e Bon   Mr Marquand ______ id ______

Le 4ᵉ Bataillon resté à Marseille devait plus tard être dirigé sur Paris pour y former le 126ᵉ de Ligne qui fit partie du 14ᵉ Corps ( Général Ducrot ).

Le 29 Juillet, aussitôt son camp établi, le 89ᵉ envoie 600 hommes participer à la construction des travaux de forti= fications des Perches.

30 Juillet — Les travaux continuent le 30 au matin ; ils sont interrompus le 30 au soir, par suite de mauvais temps.

31 Juillet — Le Régiment fournit le même nombre de travailleurs. À midi, les 4ᵉ et 8ᵉ Lanciers viennent camper à la gauche et un peu en avant du 89ᵉ de Ligne.

1, 2 et 3 Août — Pendant ces trois jours, les travaux continuent malgré les pluies : le Régiment fournit matin et soir 600 travailleurs.

Le 3 Août à midi, le 53ᵉ vient camper derrière le 89ᵉ qui reçoit ce jour-là ses voitures régi= mentaires.

4 Août — Le mauvais temps interrompt les travaux des Perches.

Des ordres arrivés dans la soirée prescrivent le départ du Régiment pour le lendemain.

5 Août — La 2ᵉ Brigade de la 2ᵉ Division du 7ᵉ Corps, s'ébranle à 6 heures 1/2 du matin ; elle marche la droite en tête ; son arrière-garde est formée par le 3ᵉ Bataillon du 89ᵉ.

La colonne se dirige sur Altkirch, en suivant la route impériale qui passe par Pérouse, Veldien, Dannemarie et Ballersdorf. Elle arrive à Altkirch, à 5 heures du soir, après un parcours de 38 kilomètres sous un soleil brûlant.

Le 89ᵉ perd deux hommes des suite d'insolation.

Le camp est établi dans des prairies en avant de

la ville. Les prairies sont à la droite de la route de Belfort
à Mulhouse et sur la rive droite de l'Ill. Le 89e. face à la
route, a derrière lui le 53e. qui fait face au Rhin.

En avant du Régiment, de l'autre côté de la route,
se trouvent l'artillerie et le Convoi.



Le 89e. se met en marche pour Mulhouse à 6 heures
du matin. La distance à parcourir est de 24 Kilomètres.
La colonne suit la route impériale en passant par
Walheim, Alfurth, Lillisheim, Brünstatt, traverse les
faubourgs de Mulhouse, longe le canal, tourne à gauche
et s'engage dans les terres labourées. À 2 heures 1/2
le régiment établit son camp dans une grande plaine
située au N. O. de Mulhouse.

Le 89e. a devant lui la 1re Brigade, à droite le
53e., à gauche l'artillerie de la Division.

Le 6 Août le Régiment reçoit environ 500
hommes de la réserve, ce qui porte son effectif à 2175
hommes dont 1985 sont présents. L'effectif en chevaux
présents est de 17 chevaux d'officiers et 14 chevaux de
troupe.



À dix heures du matin le Régiment se met
en marche sur Altkirch. La colonne suit la route impériale.
Les 1re & 2e Compagnies du 1er Bataillon servent
d'escorte au convoi de la Division.

Arrivé à Altkirch à 5 h. du soir, le 89e. campe
dans les prairies situées au S. O. de la ville, au pied des
hauteurs boisées de Schweighof.

À 8 heures, le Régiment reçoit l'ordre de
lever le camp, il traverse une partie de la ville, et prend ses
positions de combat. En effet, le bruit court que l'ennemi
après avoir franchi le Rhin, s'avance sur Altkirch en

suivant la route d'Huningue. Deux Compagnies du 1.er Bat.on
sont placées en grand'garde en avant de la ville face au Rhin,
le reste du Bataillon occupe avec le 2.d Bataillon la place
S.t Pierre, point le plus élevé de la ville. Le 3.e Bataillon
est envoyé servir de soutien aux batteries d'artillerie.

8 Août.  Le Régiment non inquiété dans ses positions
se met en marche pour Belfort à 3 heures du matin. Il
suit la route impériale, et la jonction du 3.e Bataillon se
fait peu après la sortie d'Altkirch. La Division n'arrive
à Belfort qu'à cinq heures du soir, après une grand'halte
de deux heures. Le Régiment vient camper au pied des Grandes
Perches; il leur fait face et a à sa droite l'artillerie de la division.

9, 10, 11, 12 & 13 Août  Le 89.e envoie tous ces jours là 650 travailleurs aux for-
tifications des Grandes Perches. Les travaux sont quelque-
fois interrompus par les pluies qui durent du 8 au soir au 13
au matin. Depuis le retour du 89.e à Belfort, une Comp.ie
du Régiment est à tour de rôle, de Grand'garde en avant des
Grandes Perches et une Section près du village de Pérouse. A
6 h.res du soir la Grand'garde est doublée. Tous les matins, avant
le jour, une Compagnie va en reconnaissance.

Le 12 Août est créé le petit dépôt où sont
détachés environ 130 hommes du Régiment, sous le
commandement de M.r Riber, Capitaine; Borde,
Lieutenant et Delaunay, sous-Lieutenant.

14 Août  Le camp est levé à 4 heures 1/2 du soir. A
5 heures, le 89.e se met en marche pour venir s'établir
à 6 heures 1/2 en arrière du village de Bavilliers sur
les hauteurs qui se trouvent au Nord de ce village, à
sa droite le 53.e.

15 et 16 Août  Pendant ces deux jours, le Régiment fournit
des travailleurs pour la construction d'ouvrages à exécution
rapide.

17 9bre.    Les Bataillons du Régiment vont à tour-de-rôle travailler à la gare de Belfort. Le 89e y embarque des vivres depuis 4 heures du soir, jusqu'à 2 heures du matin. Le Régiment reçoit dans la nuit du 17 au 18, l'ordre de se tenir prêt à partir.

18 9bre.    A deux heures de l'après-midi, le 89e lève le camp, se dirige sur la gare de Belfort, s'y embarque et part à 5 heures ½ à destination du camp de Châlons. Le Régiment forme deux colonnes et par suite deux convois. La 1ère colonne comprend les sapeurs, la musique, la Section, le 1er Bataillon et trois Compagnies du 2e; elle est sous les ordres du Colonel. La 2e colonne, sous les ordres du Lieutenant-Colonel, comprend le reste du Régiment.

L'effectif du Régiment n'est plus ce jour-là que de 56 officiers & 1996 hommes. Le nombre des officiers est inférieur de 7 par-suite: 1° de l'ordre de laisser à Belfort les 3 officiers attachés au petit dépôt; 2° de l'entrée à l'hôpital de Belfort de MM. Bressolle & Wolff, Capitaines & Mr. Mutinet, Lieutenant; 3° de Mr. Lombard, Lieutenant, détaché du Régiment comme Officier d'ordonnance de Mr. le Général Liébert.

19 9bre.    La 1re colonne arrive à Pantin à 4 heures ½ du soir et part pour Châlons après un arrêt d'une heure.

20 9bre.    Le Régiment passe la nuit du 19 et la matinée du 20 en Chemin de fer. A midi, il débarque à St. Hilaire, se dirige sur Vadenay, petit village au Nord duquel le 89e établit son camp, sur la rive droite de la Vesle. La 2e colonne vient prendre ses positions à 8 heures du soir. Le 89e est à la gauche du 53e.

21 Août    Le Régiment lève le camp et part à 9 heures du matin à destination de Sillery. Le 7.e Corps marche la droite en tête, et la gauche en tête dans chaque Division.

Le 89.e traverse les villages de Bouy-sur-Vesle, Livry-sur-Vesle, Mont-de-Billy, les Petites-Loges, Beaumont-sur-Vesle et vient camper à 7 heures du soir près du village de Sillery, dans les terres labourées sur la gauche de la route impériale à laquelle il fait face. Le Régiment a derrière lui le 4.e Hussards, devant lui le 37.e de Ligne, à sa droite le 53.e; sa gauche est peu éloignée du Canal de la Marne.

22 Août    Le 89.e occupe le même emplacement.

23 Août    Le réveil a lieu à 3 heures 1/2 du matin; à 5 heures le Régiment se met en marche pour St. Martin l'heureux. Il traverse Sillery, tourne à droite; suit la route de Reims à Suippe, puis s'engage pendant une partie de l'étape dans les terres labourées et vient camper sur les élévations situées à l'Ouest du village de St. Martin l'heureux; il fait face à la Suippe, ayant à sa droite le 53.e et à sa gauche la 1.ere Brigade.

24 Août    Le 89.e lève le camp et se met en marche à 6 heures du matin pour Contreuve; il traverse St. Martin. Au sortir de ce village, le Régiment marche par pelotons à travers les terres labourées. Le Régiment traverse le village de St. Etienne-à-Arne, passe non loin de Smid, traverse Contreuve et vient camper dans des terres labourées à l'Est de ce dernier village. Le 89.e fait face à Vouziers, a devant lui le 37.e de Ligne et derrière lui le 53.e

25 Août    Le 89.e part de Contreuve pour Vouziers, à 6 heures du matin. Il traverse le village de Blaise puis Vouziers. A 9 heures son campement était établi à proximité de

la ville sur des hauteurs cultivées situées au N.O. Le Régiment fait face au village de Condé-les-Vouziers situé sur l'Aisne ; il a derrière lui le 53ᵉ et à sa droite la 1ʳᵉ Brigade.

26 Août.     Le camp est levé à 1 heure de l'après-midi et le Régiment part à 3 heures 1/2, pour aller prendre de nouvelles positions. Il traverse la ville qui est très-agitée ; l'ennemi vient d'être signalé, les éclaireurs ont mis le feu à des maisons du village de Contreuve et de Sugny. Le 89ᵉ établit son camp au S.O. de Vouziers, très-près de la ville, au pied de petites élévations d'environ 320 mètres. Le 1ᵉʳ Bᵒⁿ détaché en grand'garde, vient occuper ces élévations. Chaque Compagnie de ce Bataillon est détachée à tour de rôle et déployée en tirailleurs ; une section d'Artillerie l'appuie à droite.

27 Août.     À 6 heures du matin quelques coups de feu sont échangés contre des éclaireurs ennemis. Pendant toute la journée on aperçoit face aux grand'gardes, les recon= naissances ennemies. Le 1ᵉʳ Bataillon est relevé à 5 heures du soir par le 2ᵐᵉ Bataillon. Le Régiment reçoit à 11 heures du soir, l'ordre de se tenir prêt à partir. Il se met en marche à 3 heures du matin.

28 Août.     Le Régiment traverse Vouziers, l'Aisne, suit un instant la grand'route puis tourne à gauche pour s'engager dans les terres labourées. Il traverse un petit affluent de l'Aisne puis le village de Ballay. Il suit dès lors la Grand'route pour venir peu après occuper les hauteurs situées à gauche et à proximité de la route. Ces hauteurs fort escarpées, plantées de bois et de vignes ont une éléva= tion d'environ 500 mètres ; elles auraient servi, en cas d'attaque, à protéger la marche du 7ᵐᵉ Corps. Le 89ᵉ occupe cette position jusqu'au passage de l'arrière-garde ; il descend alors sur le village de Quatre-Champs où a lieu une

grand' halte de cinq heures. Cette halte est destinée à permettre aux différentes divisions d'Infanterie et de Cavalerie d'exécuter leurs mouvements.

Pendant la halte, les Prussiens viennent occuper les hauteurs sur lesquelles le 89ᵉ avait pris position, des tirailleurs du 83ᵉ échangent avec eux de nombreux coups de feu. Vers midi, le Régiment se remet en marche, il suit un chemin tracé dans le bois ; ce chemin est situé à droite de la route des Quatre-Champs au village du Chêne. Le 89ᵉ a traversé le village de Bouli-au-Bois et vient à 6 heures ½ du soir camper à 200 mètres en avant de ce village. Son camp est établi dans des terrains cultivés situés à gauche de la route. Devant le Régiment sont des grand'gardes, derrière lui la 3ᵉ Division, à droite le 53ᵉ et à gauche des grand'gardes.

29 Août.

Le matin à 2 heures, deux Compagnies vont en reconnaissance, le Régiment reste sous les armes pendant ce temps là. Des Uhlans sont vus dans les bois ; des coups de feu sont échangés.

Le 89ᵉ se met en marche à 11 heures du matin. Il traverse le village de Germont où les habitants effarés préviennent le Régiment que les Prussiens sont en vue. Au sortir du village on voit sur les hauteurs à droite une colonne ennemie qui marche dans notre direction. Le 89ᵉ est suivi par le 7ᵉ Corps, traverse la rivière du Bar et vient se former en bataille en dehors du village, en échelons par bataillons dans le terrain situé en avant et au S. E. du village d'Authe. La colonne prussienne continue sa marche, elle semble vouloir couper la route ; aussi le Régiment ne tarde pas à s'ébranler à nouveau. Il traverse Authe, St Pierremont, Oches, et vient établir son camp à 7 heures du soir sur les hauteurs situées au N. E.

de ce village ; ces hauteurs ont une altitude de 700 mètres. Deux
Compagnies sont de grand'garde. Le Régiment est à gauche du 53<sup>me</sup>

30 Août    Le 89<sup>me</sup> qui a levé son camp à 5 heures du matin, ne
se met en marche qu'à 11 heures 1/2. À midi, les Prussiens
qui sont venus occuper les positions quittées par les grand'gardes
de la 3<sup>e</sup> Division, tirent leur premier coup de canon. Le
Régiment se dirige à travers champs sur Stonne, où il
semble un instant devoir établir ses positions. Les Huhlans
font une démonstration de ce côté, ce qui force le Régiment à
reprendre sa marche. Le 89<sup>me</sup> descend le village de Stonne au
pas gymnastique et se dirige à travers bois et à travers
champs sur le village de Raucourt.

    De Stonne on voyait et on entendait la canonnade
de Beaumont. Avant d'arriver à Raucourt la
colonne rencontre des fuyards appartenant à la 1<sup>re</sup> Div<sup>on</sup>
qui avait été préposée à l'escorte du convoi. Serré de près
par l'ennemi, le Régiment traverse rapidement les
villages de Raucourt, d'Haraucourt & d'Angecourt
et vient à 8 heures du soir établir son camp à Remilly-
sur-Meuse, dans des prairies situées en avant de ce village.
Quatre Compagnies du 1<sup>er</sup> Bataillon sont établies en
grand'garde sur les derrières du Régiment dans des
terrains cultivés situés à droite et à gauche de la route. Le
89<sup>me</sup> est campé en avant du 53<sup>me</sup>

31 Août.    Le Régiment non inquiété dans ses positions,
lève le camp à 1 heure 1/2 du matin, traverse sur une
passerelle, & homme par homme, un petit affluent de
la Meuse, prend la grand'route, suit la voie ferrée, traverse la Meuse sur le pont de Bazeilles qui donne passage
au chemin de fer, traverse le faubourg de Balau et vient
bivouaquer à 3 h. 1/2 du matin sous les murs de Sedan.

L'attaque des Prussiens force le 89ᵉ à aller pré-cipitamment prendre à 11 heures 1/2 ses positions de combat sur une des élévations situées près de la redoute de la Ramorie.

Le Régiment reste en position jusqu'à 5 heures du soir et il ne prend part à la bataille de ce jour. Le 89ᵉ se remet en marche et vient établir son camp sur les hauteurs en arrière de Givonne. Les tentes sont dressées à 8 heures du soir. Le Régiment a devant lui le 37ᵉ et à sa droite le 53ᵉ

1ᵉʳ Septembre.

La fusillade et la canonnade commencent dès 4 heures du matin. À 5 heures 1/2 la 1ʳᵉ Compagnie du 1ᵉʳ Bataillon est envoyée avec la section du Génie construire les tranchées-abris destinées à couvrir le 7ᵉ Corps. Ce travail est terminé sous le feu de l'ennemi à 8 heures 1/2.

La 1ʳᵉ Compagnie occupe l'extrémité droite de ces tranchées. Le 89ᵉ lève le camp vers 6 heures et vient prendre ses positions de combat sur le plateau de Floing : il est placé en arrière de l'artillerie. Le Régiment est en bataille, et chaque bataillon en colonne par divisions à demi-distance. Des Compagnies sont envoyées en tirailleurs en avant des batteries. — L'ennemi emporte le village de Floing. Le 89ᵉ écrasé par les feux convergents d'une artillerie formidable est obligé de battre en retraite vers 3 heures 1/2 dans la direction de Sedan. Une fois dans la place, les débris du Régiment se trouvent complètement dispersés. On bat la charge dans quelques rues de la ville. Le Commandant Richard, secondé par plusieurs officiers parvient à réunir une centaine d'hommes appartenant au Régiment.

Il se met à leur tête, les conduit au village de Balan dont il occupe l'église et quelques maisons environnantes. Après une heure d'un feu nourri contre les Prussiens, le Commandant reçoit l'ordre de battre en retraite et entre dans Sedan sans avoir essuyé aucune perte.

Le 1er Septembre à 4 heures ½ au moment de la retraite, le drapeau du Régiment fut d'abord enterré dans les fossés de la place par le porte-drapeau, Mr Baclin, puis déterré au moment de l'ouverture des portes, il suivit les débris du Régiment dans l'intérieur de Sedan.

Après la capitulation de Sedan, le drapeau ne fut pas livré à l'ennemi. Par suite d'une décision prise par Messieurs les Officiers du Régiment qui se trouvaient au camp d'Iges, le drapeau est détruit le 6 Septembre à 10 heures du soir.

Les débris du Régiment, prisonniers dans Sedan, restent dans la ville jusqu'au 3 Septembre à 4 heures du soir, moment auquel les autorités prussiennes les envoient parquer dans la presqu'île d'Iges où se trouvait réuni tout ce qui existait de l'armée de Sedan.

Les officiers du Régiment sont partis en captivité le 7 et la troupe le 8.

———

Pertes du Régiment.

# Pertes du Régiment.

—

Les pertes du Régiment pendant la malheureuse journée de Sedan s'élèvent :

1° à 14 Officiers tués, savoir :

    1  Chef de Bataillon,
    8  Capitaines,
    2  Lieutenants,
    3  Sous Lieutenants ;

2° à 18 Officiers blessés, savoir :

    1  Lieutenant Colonel,
    1  Chef de Bataillon,
    7  Capitaines,
    3  Lieutenants,
    6  Sous Lieutenants,
    1  Lieutenant contusionné.

Deux officiers ont été faits prisonniers sur le champ de bataille.

La troupe compte 937 sous officiers, caporaux ou soldats tués, blessés ou disparus sur 1937 présents au commencement de l'action.

—

État nominatif des officiers tués

# État nominatif

## des Officiers tués.

_______

MM.

Marquiand ............ Chef de Bataillon
Rozier ............... Capitaine Adjudant Major
Allemand de Montrigand _____ id _____
Boyer ............... Capitaine ff.ons d'Adjud.t Major
Carlier ............ Capitaine
Rocquencourt ....... _ id _
Slinsby ............. _ id _
Bron ............... _ id _
Connier ........... _ id _
Guiot ............. Lieutenant
Raoux ............. _ id _
Roullet ........... Sous Lieutenant
Mathieu ........... _ id _ Officier payeur
Coulon ............ _ id _

_______

État nominatif des Officiers blessés.

# État nominatif des Officiers blessés.

| | | |
|---|---|---|
| MM. Questel | ... | Lieutenant Colonel |
| Thiéry | ... | Chef de Bataillon |
| Thouvenel | | Capitaine |
| Vidalé | .. | — id — |
| Lemaître | .. | — id — |
| Gondar | .. | — id — |
| Borsary | . | — id — |
| Cardot | .. | — id — |
| Labbé | ... | — id — |
| MM. de Becque | .... | Lieutenant |
| Gerbaux | .... | — id. — |
| Charbilly | .... | — id. — |
| de Bourmeister | | Sous-Lieutenant |
| Micheler | ..... | — id — |
| Schuster | .... | — id — |
| Richard | .... | — id — |
| Pastoureau | .... | — id — |
| Bassager | | Lieut.t contusionné |

Monsieur le Colonel Munier a eu 2 chevaux tués sous lui.

Monsieur le Lieut.t Colonel Questel a eu 1 cheval tué sous lui.

Monsieur le Commandant Thiéry a eu 1 cheval tué sous lui.

# État nominatif des Officiers envoyés en captivité.

| | | | |
|---|---|---|---|
| MM. Munier | ... | Colonel | à Wiesbaden |
| Richard | .. | Chef de B.on | „ — id — |
| Friocourt | | Capitaine | „ Munich |
| Pallé | ... | — id — | „ Cologne |
| de Thoury | .. | Lieutenant | „ — id — |
| du Peloux | | — id — | „ — id — |
| Liebschutz | | — id — | „ — id — |
| Le Diberder | | — id — | „ — id — |
| Chenu | ... | — id — | „ Magdebourg |
| Blanchard | | — id — | „ Cologne |
| Denis | ... | — id — | „ — id — |
| Lefèvre | ... | — id — | „ — id — |
| Lombard | .. | — id — | „ Wiesbaden |
| MM. Jocard | ... | Lieut.t | Cologne, Hambourg. |
| Petit | .... | — id — | Cologne, Dusseldorf, Quedlimbourg |
| Casenave | | S.Lieut.t | Magdebourg. |
| Marc | .... | — id — | Cologne, Hambourg. |
| Baclin | .. | id. porte-drapeau, | Cologne |
| Walbert | . | S.Lieut.t | Cologne |
| Rocher | ... | — id — | Cologne |
| Thollon | ... | — id - | Cologne, Düsseldorf, Quedlimbourg |
| Debrou Eug. | | — id — | id — id — id — |
| Debrou Paul, | | id — id — | id — id — |
| Zabler | ... | — id — | Cologne |
| Olivier | ... | — id - | Cologne, Dusseldorf & le fort Boyen |
| Mommeja | | Chef de Musique. | Cologne, Dusseldorf, Landsberg, Brandenbourg. |

Mr. Boue, Capitaine, a signé la capitulation et est rentré au dépôt
du 89e à Draguignan, où il s'est mis à la disposition de Mr. le Major. Cet
Officier a été nommé peu après adjoint de 2me Classe à l'Intendance.

Tel est le récit

Tel est le récit succinct et exact des opérations effectuées par le 89ᵉ Régiment d'Infanterie de Ligne depuis le 27 Juillet jusqu'au 1ᵉʳ Septembre 1870.

Le présent procès verbal lu à MM. les Officiers et certifié exact par nous Membres de la Commission.

Draguignan, le quatorze Août 1871.

Les Membres de la Commission.

signé :   Gondar . . . . . . . . Capitaine
            Chenus . . . . . . . Lieutenant
            Le Diberder . . _ id _
            Debrou Eugᵉ S. Lieutᵗ

Le Rapporteur
Blanchard, Lieutᵗ

Le Président
Lemaître, Capitaine.

———————

Lettre adressée par Monsieur le Général de Division Liébert à Mᵉ le Colonel du 89ᵉ

7ᵉ Corps d'armée

2ᵉ Division

Le Général Commandᵗ

« Neuied, le 17 Octobre 1870.

« Mon cher Colonel,

« Il est certain que le jour se fera sur la bataille de Sedan et que l'on rendra pleinement justice à ceux qui y ont comme vous, pris une part glorieuse, mais en attendant que cette heure réparatrice sonne pour tous, et bien que j'aie témoigné par un ordre du jour du 2 Septembre, toute la satisfaction que j'éprouvais pour la valeureuse conduite des troupes composant la 2ᵉ Division du

7e Corps, je tiens à vous répéter personnellement que le Régiment que vous commandiez a montré autant de calme que de vigueur et que vous êtes aussi fier d'être placé à sa tête que je le suis de vous avoir eu sous mes ordres.

« En présence des égarements passagers de l'opinion publique, égarements dûs aux fuyards de Sedan, j'ai cru de mon devoir de vous donner l'assurance qu'il n'était pas possible de mieux faire et de se conduire plus bravement que vous et les vôtres.

« Il est hors de doute que dans toute autre circonstance la défense du plateau de Floing, contre des assaillants dix fois supérieurs en nombre et appuyés par une aussi formidable artillerie aurait couvert de gloire la 2e Division du 7e Corps.

« Espérez que justice vous sera rendue, mon Cher Colonel, et croyez à mes sentiments de sincère affection.

Le Général de Division,

signé : Liébert.

Cette Lettre mise à l'ordre du jour du Régiment est certifiée conforme à l'Original par les Membres de la Commission chargés du Procès verbal de l'Historique du 89e de Ligne.

Ont signé : Gondar, . . . . Capitaine ;
Le Diberder, . Lieutenant ,
Chenut, . . . . Lieutenant ,
Debrou, . . . . . Sous-Lieutenant ,

Rapporteur

Blanchard, Lieut<sup>t</sup>

Président,

Lemaître, Capitaine.